그림일기로 배우는
초등 생활 어휘

글쓴이 이선희

EBS 교육방송에서 호랑이 샘으로 초등학생들에게 많은 사랑을 받는 선생님이에요. 서울교육대학교와 연세대학교 교육대학원을 졸업하고, 초등학교와 EBS 프로그램에서 초등학생들의 학습을 책임지고 있지요. 학생들과 즐겁게 만나고 함께 성장하기 위해 노력을 아끼지 않고 있답니다. 지은 책으로는 《호랑이 샘이랑 미리 1학년》, 《궁금해요 코로나19》, 《국어 공부의 달인》 등이 있습니다.

그린이 최호정

어린 시절부터 그림 그리기를 좋아했고, 대학에서 디자인을 공부했어요. 그린 책으로는 《벌거벗은 세계사》 시리즈, 《그림으로 보는 조선왕조실록》 시리즈 일부, 《안녕 자두야 자두의 일기장》 시리즈 일부, 《안녕 자두야 과학일기》 시리즈 등이 있습니다.

그림일기로 배우는 초등 생활 어휘

1판 1쇄 발행 2024년 2월 29일
1판 3쇄 발행 2024년 11월 29일

글쓴이 이선희 **그린이** 최호정
발행인 오영진 김진갑 **발행처** 제제의숲 **기획편집** 이희자
디자인 안윤민 김현주 강재준 **마케팅** 박시현 박준서 김승겸 김예은 김수연
출판등록 2013년 1월 25일 제2013-000028호
주소 서울시 마포구 월드컵북로5가길 12 서교빌딩 2층
원고 투고 및 독자 문의 midnightbookstore@naver.com
전화 02-332-7706 **팩스** 02-332-7741
블로그 blog.naver.com/midnightbookstore
페이스북 www.facebook.com/tornadobook

ISBN 979-11-5873-290-5 (73700)

제제의숲은 ㈜심야책방의 자회사입니다.
이 책은 저작권법에 따라 보호를 받는 저작물이므로 무단전재와 무단복제를 금하며,
이 책 내용의 전부 또는 일부를 사용하려면 반드시 저작권자와 제제의숲의 서면 동의를 받아야 합니다.

잘못되거나 파손된 책은 구입하신 서점에서 교환해 드립니다.
맞춤법과 띄어쓰기는 국립국어원의 기준에 따랐습니다.
책 모서리가 날카로워 다칠 수 있으니 사람을 향해 던지거나 떨어뜨리지 마십시오.
종이에 베이지 않게 주의하세요. 책값은 뒤표지에 있습니다.

글 **이선희**(EBS 호랑이 선생님)
그림 **최호정**

제제의숲

글쓴이의 말

어휘력과 문해력은 생활에서 어휘를 부려 쓸 수 있어야 얻어집니다. 어휘를 부려 쓰는 기회는 이야기, 어휘 풀이, 속담, 관용어 활용이 될 수 있습니다. 따라서 어휘의 정확한 뜻을 아는 것 못지않게 이야기, 예문, 속담, 관용어 속에서 사용되는 모습을 충분히 경험할 필요가 있습니다.

책에서 소개하는 그림일기는 교실이나 가정에서 학생들이 겪었던 실제 생활 이야기를 녹인 것입니다. 그림일기를 통해 겪은 일, 생각이나 느낀 점을 표현하는 방법, 띄어쓰기, 문장 부호 사용 방법을 알수 있을 것입니다. 낱말의 정확한 뜻, 비슷한말, 반대말을 알아 가며 어휘력도 확장하기를 바랍니다.

낱말의 뜻풀이는 국립 국어원이 펴낸 《표준국어대사전》의 기준을 따랐습니다.

> 내가 만든 태극기를 보고 엄마는 "잘 만들었네. 튀김 젓가락을 여기다 썼어?"라고 하셨다. 태극기를 거실 한가운데에 꽂아 두셨다. 기분이 좋았다. 아빠는 "우리 아들이 만들었구나." 하셨다. 아빠 반응은 성의가 없다고 느꼈다. 일기로 쓴다니까 지금 와서 잘 만들었다고 이야기하셨다. 흥! 너무 늦었다.

자신의 생각과 감정을 표현하는 것은 인간의 자연스러운 욕구입니다. 그림일기 속에 나타난 학생들의 생각과 감정도 자연스러운 모습임을 이해하여 주시기 바랍니다.

호랑이 선생님, 이선희

차례

글쓴이의 말	4
3월 21일: 가져오다, 헷갈리다	8
3월 26일: 놀라다, 다니다	10
4월 6일: 화분, 오줌	12
4월 11일: 차다, 나쁘다	14
4월 15일: 실수, 기분	16
4월 16일: 그리다, 웃다	18
4월 22일: 태우다, 업다	20
4월 24일: 트림, 방귀	22
4월 26일: 망치다, 아깝다	24
5월 2일: 새다, 꼼꼼하다	26
5월 9일: 방법, 욕심	28
5월 10일: 따뜻하다, 세다	30
5월 12일: 괜찮다, 자랑하다	32
5월 14일: 모양, 팔	34
5월 20일: 빼다, 감싸다	36
5월 30일: 시시하다, 싸우다	38

6월 3일: 충돌, 손해	40
6월 5일: 재미있다, 희한하다	42
6월 10일: 이르다, 묻다	44
6월 15일: 좋아하다, 데려오다	46
6월 22일: 차리다, 대견하다	48
6월 26일: 고함치다, 얌전하다	50
6월 28일: 엉터리, 지식	52
7월 1일: 성장하다, 당당하다	54
7월 6일: 소원, 비밀	56
7월 10일: 따다, 참다	58
7월 14일: 최고, 맛	60
8월 4일: 물컹물컹, 콩닥콩닥	62
8월 11일: 발표하다, 뿌듯하다	64
8월 14일: 살살, 툭	66
8월 22일: 안경, 공부	68
9월 4일: 체험, 놀이	70
9월 11일: 맞히다, 틀리다	72

9월 14일: 뱅글뱅글, 후후	74
9월 17일: 달콤하다, 벌름거리다	76
9월 25일: 눈, 손	78
9월 28일: 돕다, 다르다	80
9월 30일: 발, 몸	82
10월 2일: 생글생글, 꼬질꼬질	84
10월 10일: 코, 입	86
10월 11일: 받다, 남기다	88
10월 15일: 이, 혀	90
10월 25일: 다리, 가슴	92
10월 30일: 물다, 잘하다	94
11월 10일: 얼굴, 머리	96
11월 18일: 어깨, 무릎	98
11월 21일: 두드리다, 줍다	100
12월 2일: 부글부글, 씩씩	102
12월 13일: 배, 등	104
12월 28일: 꿈, 하늘	106

20○○년 3월 21일 □요일	날씨 : 꽃샘추위

	친	구	와		화	장	실	에		갔	는
데		휴	지	가		없	었	다	.	교	실
에	서		가	져	오	려		했	는	데	,
헷	갈	려	서		2	반	으	로		들	어
갔	다	.	나	는		1	반	인	데	.	

꽃샘추위 이른 봄, 꽃이 필 무렵의 추위로, 봄꽃이 피는 걸 시샘한다는 뜻으로 붙여진 이름.

가져오다

- **뜻** ① 무엇을 한 지점에서 다른 지점으로 옮겨 오다.
  (예) 장난감을 가져온 친구들이 부러웠다.

② 어떤 결과나 상태를 생기게 하다.
  (예) 컴퓨터는 생활에 큰 변화를 가져왔다.

- **비슷한말** 가져다주다, 낳다

헷갈리다

- **뜻** ① 정신이 혼란스럽게 되다.
  (예) 정신이 헷갈려서 뭐가 뭔지 모르겠어.

② 여러 가지가 뒤섞여 갈피를 잡지 못하다.
  (예) 이리저리 헷갈리게 말했다.

- **비슷한말** 헛갈리다, 갈팡질팡하다, 혼동되다

| 2000년 3월 26일 □요일 | 날씨 : 맑음 |

	정	말		놀	랐	다	.	우	리		선
생	님	은		유	치	원	을		다	니	지
않	았	다	고		한	다	.	유	치	원	도
안		다	녔	는	데	,	어	떻	게		선
생	님	이		될		수		있	지	?	

놀라다

- **뜻** ① 뜻밖의 일이나 무서움에 가슴이 두근거리다.
  (예) 놀란 토끼 눈을 하고 아이를 보았다.

  ② 뛰어나거나 신기한 것을 보고 매우 감동하다.
  (예) 멋진 그림을 보고 크게 놀랐다.

  ③ 어처구니가 없거나 기가 막히다.
  (예) 상품이 없다는 사실에 놀라며 실망했다.

- **비슷한말** 경악하다, 감탄하다
- **속담** 자라 보고 놀란 가슴, 솥뚜껑 보고 놀란다: 어떤 사물에 몹시 놀란 사람은 비슷한 사물만 보아도 겁을 냄을 이르는 말.

다니다

- **뜻** ① 어떤 볼일이 있어 일정한 곳을 정하여 놓고 드나들다.
  (예) 아파서 병원에 다녔다.

  ② 볼일이 있어 어떠한 곳에 들르다.
  (예) 친구 집에 다녀서 집에 오겠습니다.

  ③ 직장이나 학교 따위의 기관을 정기적으로 늘 갔다 오다.
  (예) 나는 태권도 학원에 다니며 운동을 했다.

- **비슷한말** 드나들다, 나가다, 나다니다, 오가다
- **속담** 말 갈 데 소 갈 데 다 다녔다: 온갖 곳을 다 다녔다는 말.

2○○○년 4월 6일 □요일   날씨 : 맑음

우리 집 **화분**에 물을 주었는데, 밑으로 물이 졸졸 새어 나왔다. 동생이 그걸 보고 화분이 오줌 싼다고 했다.

화분

- **뜻** 꽃을 심어 가꾸는 그릇.
    (예) 화분에 꽃을 심었다.

- **비슷한말** 꽃분, 분

오줌

- **뜻** 혈액 속의 노폐물과 수분이 신장에서 걸러져서 방광 속에 괴어 있다가 요도를 통하여 몸 밖으로 배출되는 액체. 빛깔은 누렇고 지린내가 난다.
    (예) 오줌을 시원하게 누었다.

- **비슷한말** 소변, 요, 소피
- **반대말** 똥, 대변
- **속담** 언 발에 오줌 누기: 잠깐의 해결책은 될지 모르나 그 효력이 오래가지 못하고 결국 일이 더 나빠짐을 이르는 말.

    제 발등에 오줌 누기: 자기가 한 짓이 자기를 모욕하는 결과가 된다는 말.

| 2〇〇〇년 4월 11일 □요일 | 날씨 : 비 |

	내	가		책	상		다	리	를		발
로		통	통		찼	다	.	선	생	님	이
그	러	면		책	상	이		아	프	다	고
하	셨	다	.	생	각	해		보	니		책
상	은		기	분	도		나	빴	겠	다	.

차다

- **뜻** ① 발로 내어 지르거나 받아 올리다.
  (예) 공을 힘껏 찼다.

  ② 발을 힘껏 뻗어 사람을 치다.
  (예) 상대편 선수를 발로 차서 넘어뜨렸다.

  ③ 혀끝을 입천장 앞쪽에 붙였다가 떼어 소리를 내다.
  (예) 혀를 끌끌 차며 못마땅한 표정을 지었다.

- **비슷한말** 걷어차다
- **속담** 화난 김에 돌부리 찬다: 아무 관계도 없는 대상에게 마구 화풀이를 하다가 도리어 크게 손해를 본다는 말.

나쁘다

- **뜻** ① 좋지 아니하다.
  (예) 나쁜 소문은 빨리 퍼진다.

  ② 옳지 아니하다.
  (예) 거짓말은 나쁜 행동이다.

  ③ 건강 따위에 해롭다.
  (예) 미세먼지는 건강에 나쁘다.

- **비슷한말** 그르다, 못되다, 고약하다
- **반대말** 좋다
- **관용어** 주머니 사정이 나쁘다: 쓸 자금이나 돈의 형편이 좋지 않다.
  (예) 주머니 사정이 나빠서 그러니 용돈 좀 올려 주세요.

| 2000년 4월 15일 □요일 | 날씨 : 양떼구름 ❉ |

	선	생	님	이		공	책	에		토	끼
도	장	을		찍	으	셨	는	데		**실**	**수**
를		하	셨	다	.		'참	참	잘	잘	했
했	어	어	요	요	'	로		찍	혔	다	.
신	기	하	고		**기**	**분**	이		좋	다	.

❉ **양떼구름** 높은 하늘에 크고 둥글둥글하게 덩어리진 구름.

실수

- **뜻** ① 조심하지 아니하여 잘못함. 또는 그런 행위.
  (예) 실수로 공책에 물을 엎질렀다.

  ② 말이나 행동이 예의에 벗어남. 또는 그런 말이나 행동.
  (예) 손님에게 실수가 많았다.

- **비슷한말** 잘못, 실례
- **속담** 열 번 잘하고 한 번 실수를 하지 말아야 한다: 한 번 잘못하면 열 번 잘한 것도 아무 소용이 없으니 항상 조심해야 함을 이르는 말.

기분

- **뜻** ① 대상·환경 따위에 따라 마음에 절로 생기며 한동안 지속되는, 유쾌함이나 불쾌함 따위의 감정.
  (예) 기분이 참 좋다.

  ② 주위를 둘러싸고 있는 상황이나 분위기.
  (예) 거리는 휴일 기분에 북적거렸다.

- **비슷한말** 느낌, 생각, 분위기
- **관용어** 기분을 내다: 남에게 한턱을 쓰다.
  (예) 오늘은 내가 기분 낼게!

	우	주		상	상	화	를	그	리	다
가		꽃	을		그	리	고		싶	었	다.
선	생	님	께		"	꽃	도		그	려	도
돼	요	?	"		라	고		여	쭈	었	더	니
선	생	님	이		활	짝		웃	으	셨	다.

2○○○년 4월 16일 □요일   날씨 : 흐림

그리다

- **뜻** ① 연필, 붓 따위로 어떤 사물의 모양을 그와 닮게 선이나 색으로 나타내다.
    (예) 화가가 그린 그림을 전시했다.

  ② 생각, 현상 따위를 말이나 글, 음악 등으로 나타내다.
    (예) 이 연극은 세종 대왕의 업적을 그렸다.

  ③ 어떤 모양을 일정하게 나타내거나 어떤 표정을 짓다.
    (예) 우리 선수의 화살이 포물선을 그리면서 날아갔다.

  ④ 상상하거나 회상하다.
    (예) 기뻐하는 친구의 얼굴을 그리며 선물을 준비했다.

- **비슷한말** 묘사하다, 짓다, 표현하다, 회상하다, 나타내다, 상상하다
- **관용어** 머릿속에 그리다: 마음속으로 생각하다.
    (예) 멋진 내 모습을 머릿속에 그려 봅니다.

웃다

- **뜻** ① 기쁘거나 만족스럽거나 우스울 때 얼굴을 활짝 펴거나 소리를 내다.
    (예) 웃는 얼굴

  ② 얼굴에 환한 표정을 짓거나 소리를 내어 어떤 종류의 웃음을 나타내다.
    (예) 환한 웃음을 웃고 있었다.

  ③ 같잖게 여기어 경멸하다.
    (예) 저런 사람이 상을 받다니 어이가 없어 웃을 일이야.

- **비슷한말** 방실거리다, 벙글거리다, 비웃다
- **속담** 웃는 낯에 침 못 뱉는다: 웃는 낯으로 대하는 사람에게 침을 뱉을 수 없다는 뜻으로, 좋게 대하는 사람에게 나쁘게 대할 수 없다는 말.

| 20○○년 4월 22일 □요일 | 날씨 : 새털구름 |

	도	윤	이		가	방	은		자	동	차
모	양	이	다	.		그	래	서		태	워
달	라	고		했	더	니		"	내	가	
업	어		줄	까	?	"		라	고		도	윤
이	가		말	했	다	.					

❋ **새털구름** 맑은 하늘에 높이 떠 있는 새털 같은 하얀 줄무늬 모양의 구름.

태우다

- **뜻**　① 탈것이나 짐승의 등 따위에 몸을 얹게 하다.
  - (예) 손님을 차에 태웠다.

  ② 바닥이 미끄러운 곳에서 어떤 기구를 이용하여 달리게 하다.
  - (예) 썰매를 태워 줄게.

  ③ 그네나 시소 따위의 놀이 기구에 몸을 싣고 앞뒤로, 위아래로 또는 원을 그리며 움직이게 하다.
  - (예) 동생에게 그네를 태우며 놀아 주었다.

- **비슷한말**　싣다

- **관용어**　비행기 태우다: 남을 지나치게 칭찬하거나 높이 추어올려 주다.
  - (예) 한껏 비행기를 태우니 친구 기분이 좋아졌다.

업다

- **뜻**　① 사람이나 동물 따위를 등에 대고 손으로 붙잡거나 무엇으로 동여매어 붙어 있게 하다.
  - (예) 누가 업어 가도 모를 만큼 잠을 잤다.

  ② 어떤 세력을 배경으로 삼다.
  - (예) 사람들의 응원을 등에 업고 선거에 나갔다.

- **비슷한말**　짊어지다, 메다, 지다

- **속담**　업으나 지나(=지나 업으나): 이러나저러나 마찬가지라는 뜻으로 이르는 말.

- **관용어**　업어 가도 모르다: 잠이 깊이 들어 웬만한 소리나 일에는 깨어나지 않는 상태.
  - (예) 누가 업어 가도 모를 정도로 잠들었다.

| 2000년 4월 24일 □요일 | 날씨 : 맑음 |

	아	인	이	가		나	를		보	며
트	림	을		했	다	.	나	는		아	인
이	한	테		방	귀	를		뀌	고		싶
었	다	.	빡		힘	을		주	었	지	만
나	오	지		않	았	다	.				

트림

- **뜻** 먹은 음식이 위에서 잘 소화되지 아니하여서 생긴 가스가 입으로 복받쳐 나옴. 또는 그 가스.
  (예) 아기의 등을 쓰다듬어서 트림을 시켰다.

- **속담** 미꾸라짓국 먹고 용트림한다:
  ① 시시한 일을 해 놓고 큰일을 한 것처럼 으스대는 것을 이르는 말.
  ② 하잘것없는 사람이 잘난 체하는 것을 이르는 말.

방귀

- **뜻** 음식물이 배 속에서 발효되는 과정에서 생기어 항문으로 나오는 구린내 나는 무색의 기체.
  (예) 방 안이 코를 찌르는 방귀 냄새로 가득하다.

- **비슷한말** 가스

- **속담** 방귀 뀐 놈이 성낸다: 자기가 방귀를 뀌고 오히려 남보고 성낸다는 뜻으로, 잘못을 저지른 쪽에서 오히려 남에게 성냄을 비꼬는 말.

  방귀가 잦으면 똥 싸기 쉽다: 무슨 일이나 소문이 잦으면 실현되기 쉬움을 이르는 말.

| 2○○○년 4월 26일 □요일 | 날씨 : 여우비 ❈ |

	종	합	장	에		그	림	을		그	리
다	가		망	쳤	다	.	찢	어		버	리
고		다	시		그	렸	다	.	짝	꿍	이
종	이	가		아	깝	다	고		했	다	.
그	래	도		새		그	림	이		좋	다

❈ **여우비** 민첩한 여우처럼 볕이 나 있는 날 잠깐 오다가 그치는 비.

망치다

- **뜻** ① 집안, 나라 따위를 망하게 하다.

    (예) 형이 **망친** 집안을 일으키기 위해 힘썼다.

    ② 잘못하여 그르치거나 아주 못 쓰게 만들다.

    (예) 일을 **망쳐서** 다시 해야 한다.

- **비슷한말**   버리다, 그르치다

아깝다

- **뜻** ① 소중히 여기는 것을 잃어 섭섭하거나 서운한 느낌이 있다.

    (예) 장난감이 **아까워서** 빌려줄 수 없었다.

    ② 어떤 대상이 가치 있는 것이어서 버리거나 내놓기가 싫다.

    (예) 돈이 **아까우니** 절약을 해야 했다.

- **비슷한말**   귀하다, 아쉽다
- **속담**   나 먹자니 싫고 개 주자니 **아깝다**: 자기에게 소용이 없으면서도 남에게는 주기 싫은 인색한 마음을 이르는 말.

| 2○○○년 5월 2일 □요일 | 날씨 : 맑음 |

	물	통	에	서		물	이		샜	다	.
그	래	서		책	가	방		속		책	이
젖	었	다	.	내	가		뚜	껑	을		잘
잠	그	지		않	았	기		때	문	이	다.
더		꼼	꼼	해	야	겠	다	.			

새다

- **뜻** ① 기체, 액체 따위가 틈이나 구멍으로 조금씩 빠져 나가거나 나오다.
    (예) 바가지에서 물이 새어 나온다.

    ② 빛이 물체의 틈이나 구멍을 통해 나거나 들다.
    (예) 창문에서 불빛이 새 나왔다.

    ③ 어떤 소리가 일정 범위에서 빠져나가거나 바깥으로 소리가 들리다.
    (예) 두런두런 말소리가 새었다.

- **비슷한말** 흐르다, 빠지다
- **속담** 집에서 새는 바가지는 들에 가도 샌다: 성품이 나쁜 사람은 어디를 가나 그 나쁜 성품을 드러내고 만다는 뜻.

꼼꼼하다

- **뜻** 빈틈이 없이 차분하고 조심스럽다.
    (예) 청소를 꼼꼼하게 해야지.

- **비슷한말** 세밀하다, 자세하다, 섬세하다, 빈틈없다
- **반대말** 허술하다, 덜렁거리다, 덤벙대다

| 2000년 5월 9일 □요일 | 날씨 : 흐린 후 갬 |

공부 시간에 짝꿍이 스티커를 잘 떼어 내는 **방법**을 알려 주었다. 천천히, 하나하나, **욕심**을 내지 말고 떼라고 했다.

방법

- **뜻** 어떤 일을 해 나가거나 목적을 이루기 위하여 취하는 수단이나 방식.

    (예) 좋은 방법이 생각났어!

- **비슷한말** 수단, 방식, 길, 도구, 방책

욕심

- **뜻** 분수에 넘치게 무엇을 탐내거나 누리고자 하는 마음.

    (예) 줄넘기 대회에서 1등 하고 싶은 욕심이 났다.

- **비슷한말** 탐, 탐심, 탐욕, 심욕
- **속담** 욕심은 부엉이 같다: 욕심이 매우 많음을 이르는 말.
- **관용어** 욕심이 눈을 가리다: 욕심 때문에 사리 판단이나 분별을 제대로 못함을 이르는 말.

    (예) 먹고 싶은 욕심이 눈을 가려서 동생 간식까지 먹어 버렸다.

2000년 5월 10일 □요일 | 날씨 : 뭉게구름

운동장에 나오니까 찐계란 냄새가 났다. 선생님은 봄기운 냄새라고 하셨다. 머리가 **따뜻하고** 햇볕이 **셌다**.

✻ **뭉게구름** 주로 무더운 여름에 수직으로 생기는, 뭉게뭉게 피어올라 윤곽이 확실한 흰 구름.

따뜻하다

- **뜻** ① 덥지 않을 정도로 온도가 알맞게 높다.
    (예) **따뜻한** 물로 목욕을 했다.

    ② 감정, 태도, 분위기 따위가 정답고 포근하다.
    (예) 손님을 **따뜻하게** 맞이하는 사람들.

- **비슷한말** 따스하다, 따듯하다, 다정하다

세다

- **뜻** ① 힘이 많다.
    (예) 호랑이 기운이 **세다**.

    ② 행동하거나 밀고 나가는 기세 따위가 강하다.
    (예) 나는 고집이 **세서** 하고 싶은 것을 꼭 한다.

    ③ 물, 불, 바람 따위의 기세가 크거나 빠르다.
    (예) 여기는 물살이 **세니까** 조심해야 한다.

    ④ 사물의 감촉이 딱딱하고 뻣뻣하다.
    (예) 잎이 핀 고사리는 **세서** 먹기 힘들다.

- **비슷한말** 강하다, 거세다, 거칠다

- **반대말** 약하다

- **속담** 잔고기 가시 **세다**: 고기는 작은데 가시는 세서 먹기가 여간 성가시지 아니하다는 뜻으로, 몸집이 자그마한 사람이 속은 꽉 차고 야무지며 단단할 때 이르는 말.

| 2000년 5월 12일 □요일 | 날씨 : 맑음 |

	친	구		엄	마	는		되	게		무
섭	다	.	우	리		엄	마	는		되	게
착	하	다	.	"	괜	찮	아	.	"	라	고
말	해		주	니	까	.	우	리		엄	마
를		자	랑	하	고		싶	다	.		

괜찮다

- **뜻** ① 별로 나쁘지 않고 보통 이상이다.
    (예) 참 괜찮은 작품이야.

② 탈이나 문제, 걱정이 되거나 꺼릴 것이 없다.
    (예) 더 먹어도 괜찮지요?

- **비슷한말** 상관없다, 좋다, 관계없다

자랑하다

- **뜻** 자기 자신 또는 자기와 관계있는 사람이나 물건, 일 따위가 썩 훌륭하거나 남에게 칭찬을 받을 만한 것임을 드러내어 말하다.
    (예) 드디어 자전거를 탈 수 있어서 친구에게 자랑했다.

- **비슷한말** 내세우다, 뽐내다, 뻐기다, 과시하다, 생색내다
- **속담** 자랑 끝에 불붙는다: 너무 자랑을 하면 그 끝에 말썽이 생긴다는 말.

2〇〇〇년 5월 14일 □요일 | 날씨 : 맑음

아빠가 올챙이 변신 **모양**을 흉내 낸다고 몸을 웅크리셨다. 곧 **팔**과 다리를 쭈욱 뻗다가 바닥에 코를 찧어 버렸다.

모양

- **뜻** ① 겉으로 나타나는 생김새나 모습.
    (예) 갖가지 모양과 색깔의 물고기가 물속을 노닐고 있었다.

    ② 외모에 부리는 멋.
    (예) 거울을 보며 모양을 부렸다.

    ③ 어떠한 형편이나 되어 나가는 꼴.
    (예) 사람들이 살아가는 모양은 가지각색이다.

- **비슷한말** 생김새, 모습, 상태, 태도, 멋
- **속담** 모양이 개잘량이라: 체면과 명예를 완전히 잃었음을 이르는 말.
- **관용어** 모양이 있다: 보기에 좋다.
    (예) 모양 있게 꾸민 집이 좋다.

팔

- **뜻** ① 어깨와 손목 사이의 부분.
    (예) 팔을 벌렸다.

    ② 기중기, 굴착기, 로봇 따위에서 본체에서 길게 뻗어 나가 상하나 좌우로 움직이는 부분.
    (예) 로봇 팔이 움직이기 시작했다.

- **비슷한말** 상지
- **반대말** 다리, 하지
- **속담** 팔이 안으로 굽지 밖으로 굽나: 자신에게 가까운 사람에게 유리하게 편드는 것을 이르는 말.
- **관용어** 팔을 걷어붙이다: 어떤 일에 뛰어들어 적극적으로 일할 태세를 갖추다.
    (예) 책상 정리를 하려고 팔을 걷어붙였다.

2000년 5월 20일 □요일   날씨 : 산들바람

	학	교	에	서		선	생	님	이		내
이	를		빼		주	셨	다	.	휴	지	로
감	싸	서		손	으	로		쏙		빼	셨
다	.	안		아	팠	다	.	집	에		가
서		자	랑	하	라	고		하	셨	다	.

✿ **산들바람** 깃발이 가볍게 흔들리는 정도의 시원하고 가볍게 부는 바람.

빼다

- **뜻** ① 속에 들어 있거나 끼여 있거나, 박혀 있는 것을 밖으로 나오게 하다.
    (예) 손에 박힌 가시를 뺐다.

    ② 전체에서 일부를 제외하거나 덜어 내다.
    (예) 상자에서 과자를 빼고 젤리를 넣었다.

    ③ 일정한 공간 속에 갇혀 있는 공기나 물·바람 따위를 밖으로 나오게 하다.
    (예) 풍선에서 공기를 빼서 크기를 줄였다.

- **비슷한말** 뽑다, 빼내다, 덜다
- **속담** 쇠뿔도 단김에 빼라: 무슨 일을 하려면 망설이지 말고 행동으로 옮기라는 뜻.

감싸다

- **뜻** ① 전체를 둘러서 싸다.
    (예) 상처에 붕대를 감쌌다.

    ② 흉이나 허물을 덮어 주다.
    (예) 친구는 내 실수를 감싸 주었다.

    ③ 편을 들어서 두둔하다.
    (예) 아빠가 동생만 감싸서 나는 화가 났다.

- **비슷한말** 가리다, 감다, 감싸고돌다

| 2○○○년 5월 30일 □요일 | 날씨 : 맑음 |

	지	수	가		내	가		좋	아	하	는
만	화		영	화	는			시	시	하	다	고
했	다	.		나	는		절	대		시	시	하
지		않	다	고		말	했	다	.		하	마
터	면		싸	울		뻔	했	다	.

시시하다

- **뜻** ① 신통한 데가 없고 하찮다.
  (예) 시시한 영화는 보기 싫다.

  ② 좀스럽고 쩨쩨하다.
  (예) 시시하게 굴지 말자.

- **비슷한말** 하찮다, 재미없다, 자잘하다

싸우다

- **뜻** ① 말, 힘, 무기 따위를 가지고 서로 이기려고 다투다.
  (예) 우리는 적과 싸웠다.

  ② 경기 따위에서 우열을 가리다.
  (예) 피구 경기에서 상대편과 싸우고 이겼다.

  ③ 시련, 어려움 따위를 이겨 내려고 애쓰다.
  (예) 탐험대는 추위와 싸워야 했다.

- **비슷한말** 다투다, 맞서다, 옥신각신하다

- **속담** 고래 싸움에 새우 등 터진다: 강한 사람끼리 싸우는 통에 약한 사람이 해를 입게 된다는 뜻.

| 2○○○년 6월 3일 □요일 | 날씨 : 맑음 |

　내　머리랑　　서윤이 눈
이랑　충돌했다. 서윤이는
자기가　손해라고　했다.
눈이　나빠졌단다. 그럼
난　머리가　나빠졌을까?

충돌

- **뜻** 서로 맞부딪치거나 맞섬.

    (예) 친구와 나는 의견 충돌이 있었다.

- **비슷한말** 갈등, 대립, 마찰

손해

- **뜻** ① 물질적으로나 정신적으로 밑짐.

    (예) 학용품을 비싼 곳에서 사서 500원 손해를 보았다.

    ② 해를 입음.

    (예) 자연재해로 마을이 큰 손해를 입었다.

- **비슷한말** 불이익, 손실, 피해, 불리

| 2○○○년 6월 5일 □요일 | 날씨 : 가랑비 |

　　도 서 관 에 서 　 《 우 리 나 라
지 도 책 》 을 　 읽 었 다 . 　 진 짜
재 **밌** **었** **다** . 　 내 가 　 사 는 　 도
시 의 　 모 양 이 　 울 퉁 불 퉁
희 **한** **하** **게** 　 생 겼 다 니 ! 　 　

❋ **가랑비** 이슬비보다는 좀 굵지만, 가늘게 내리는 비.

재미있다

- **뜻** 아기자기하게 즐겁고 유쾌한 기분이나 느낌이 있다.
    - (예) 술래잡기가 참 재미있었다.

- **비슷한말** 재미나다, 흥미롭다, 즐겁다
- **반대말** 재미없다

희한하다

- **뜻** 매우 드물거나 신기하다.
    - (예) 그것참, 희한한 일이다.

- **비슷한말** 신기하다, 이상하다, 놀랍다

| | 2○○○년 6월 10일 □요일 | | | | | 날씨 : 맑음 | | | | |

	짝	꿍	이		내		잠	바	를		만
졌	다	.	선	생	님	께		일	렀	더	니
친	구	끼	리	는		괜	찮	다	고		하
셨	다	.	사	실	은		짝	꿍	의		코
딱	지	가		묻	은		건	데	.		

44

이르다

- **뜻** ① 어떤 사람의 잘못을 윗사람에게 말하여 알게 하다.
  (예) 친구의 잘못을 무조건 이르지 말자.

  ② 무엇이라고 말하다.
  (예) 동생에게 내가 알고 있는 것을 모두 일러 주었다.

  ③ 미리 알려 주다.
  (예) 동생에게 약속 시간을 일러 주었다.

- **비슷한말** 고자질하다, 이야기하다, 알리다

묻다

- **뜻** ① 가루, 풀, 물 따위가 그보다 큰 다른 물체에 들러붙거나 흔적이 남게 되다.
  (예) 손에 물감이 묻었다.

  ② 함께 팔리거나 섞이다.
  (예) 너희가 갈 때 나도 좀 묻어서 가자.

- **비슷한말** 붙다, 들러붙다, 섞이다

- **반대말** 떨어지다

- **속담** 똥 묻은 개가 겨 묻은 개 나무란다: 자기는 더 큰 흉이 있으면서 도리어 남의 작은 흉을 본다는 말.

| 2000년 6월 15일 □요일 | 날씨 : 구슬비 |

	엄	마	한	테		우	리		반		유
민	이	를		좋	아	한	다	고		했	다.
엄	마	는		맛	있	는		것	을		줄
테	니		데	려	오	라	고		했	다	.
나	는		유	민	이	가		참		좋	다.

✻ **구슬비** 빗방울이 구슬처럼 맑고 투명하게 맺히는 모양의 가늘게 내리는 비.

좋아하다

- **뜻** ① 다른 사람을 아끼어 친밀하게 여기거나 서로 마음에 들다.
  (예) 아빠와 엄마는 서로 좋아한다.

② 어떤 일이나 사물 따위에 대하여 좋은 느낌을 가지다.
  (예) 내가 좋아하는 요리는 떡볶이다.

③ 특정한 음식 따위를 특별히 잘 먹거나 마시다.
  (예) 귤을 좋아해서 잔뜩 사 놓았다.

④ 특정한 운동이나 놀이, 행동 따위를 즐겁게 하거나 하고 싶어 하다.
  (예) 술래잡기를 좋아하는 사람들은 숨을 곳을 잘 찾는다.

- **비슷한말** 사랑하다, 아끼다, 즐거워하다, 즐기다, 선호하다

데려오다

- **뜻** 함께 거느리고 오다.
  (예) 친구를 집에 데려왔다.

- **비슷한말** 불러오다
- **반대말** 데려가다

2○○○년 6월 22일 □요일 　　　날씨 : 맑음

　엄마가　아파서　종일
누워　계셨다.　나는　혼자
밥도　**차려**　먹고, 책도
한　시간　읽었다.　엄마는
내가　**대견하다고**　하셨다.

차리다

- **뜻** ① 음식 따위를 장만하여 먹을 수 있게 상 위에 벌이다.
    (예) 급하게 밥상을 차렸다.

    ② 기운이나 정신 따위를 가다듬어 되찾다.
    (예) 정신을 차리고 보니, 병원에 있었다.

    ③ 마땅히 해야 할 도리, 법식 따위를 갖추다.
    (예) 예의를 차려 손님을 맞이했다.

- **비슷한말** 갖추다, 벌이다, 꾸미다, 준비하다, 따르다

- **속담** 호랑이에게 물려 가도 정신만 차리면 산다: 아무리 위급한 경우를 당하더라도 정신만 똑똑히 차리면 위기를 벗어날 수가 있다는 말.

    냉수 먹고 속 차려라: 현명하게 처신하지 못하는 사람에게 정신을 차리라고 비난조로 이르는 말.

대견하다

- **뜻** 흐뭇하고 자랑스럽다.
    (예) 넌 무척 고맙고 대견한 사람이야.

- **비슷한말** 자랑스럽다, 장하다, 기특하다, 갸륵하다

| 2000년 6월 26일 □요일 | 날씨 : 무더위 |

시우가 목감기에 걸려 말도 많이 못하고, **고함치지도** 않았다. **얌전하게** 있으니까 다른 사람 같다. 좋은 것 같다.

❋ **무더위** 습도와 온도가 매우 높아 찌는 듯 견디기 어려운 더위.

고함치다

- **뜻** 크고 세차게 소리치다.

  (예) 친구가 **고함치는** 소리에 깜짝 놀랐다.

- **비슷한말** 고함지르다, 소리치다, 외치다

얌전하다

- **뜻** ① 성품이나 태도가 침착하고 단정하다.

  (예) 우리 집 강아지는 **얌전하고** 사람을 좋아한다.

  ② 모양이 단정하고 점잖다.

  (예) 나는 **얌전해** 보이는 옷을 골랐다.

  ③ 일하는 모양이 꼼꼼하고 정성을 들인 데가 있다.

  (예) **얌전한** 바느질 솜씨가 훌륭했다.

- **비슷한말** 점잖다, 조용하다, 단정하다, 침착하다
- **속담** **얌전한** 고양이 부뚜막에 먼저 올라간다: 겉으로는 얌전하고 아무것도 못 할 것처럼 보이는 사람이 딴짓을 하거나 자기 실속을 다 차리는 경우를 이르는 말.

| 2000년 6월 28일 □요일 | 날씨 : 흐림 |

	도	서	관	에	서		《	엉	터	리
선	거	》	를		빌	려		읽	었	다	.
투	표	할		때	에	는		친	구	들	에
게		보	여		주	지		않	는	다	는
지	식	을		알	게		되	었	다	.

엉터리

- **뜻** ① 보기보다 매우 실속이 없거나 실제와 어긋나는 것.
    (예) 그 장난감은 겉만 멋졌지, 속은 엉터리였다.

    ② 터무니없는 말이나 행동. 또는 그런 말이나 행동을 하는 사람.
    (예) 네 행동은 다 엉터리야.

   ③ 대강의 윤곽.
    (예) 사흘만에 드디어 엉터리가 잡혔다.

- **비슷한말** 거짓, 허위, 윤곽

지식

- **뜻** ① 어떤 대상에 대하여 배우거나 실천을 통하여 알게 된 명확한 인식이나 이해.
    (예) 책을 읽어서 지식을 쌓았다.

   ② 알고 있는 내용이나 사물.
    (예) 전문 지식을 쌓은 사람을 전문가라고 부른다.

- **비슷한말** 상식, 정보, 견문

| 2000년 7월 1일 □요일 | 날씨 : 후덥지근 ❀ |

	실	내	화	가		작	아	져	서		발
이		아	팠	다	.	선	생	님	은		내
가		성	장	해	서		그	럴	다	고	
하	셨	다	.		당	당	하	게		새	로
사	라	고		하	셨	다	.				

❀ **후덥지근하다** 열기가 차서 조금 답답할 정도로 더운 느낌이 있다.

성장하다

- **뜻** ① 사람이나 동식물 따위가 자라서 점점 커지다.

    (예) 작은 씨앗이 성장하여 큰 나무가 되었다.

② 사물의 규모나 세력 따위가 점점 커지다.

    (예) 우리나라는 선진국으로 성장하였다.

- **비슷한말** 자라다, 크다, 성숙하다, 발전하다, 번성하다, 발달하다

당당하다

- **뜻** ① 남 앞에 내세울 만큼 모습이나 태도가 떳떳하다.

    (예) 당당한 모습이 보기 좋았다.

② 힘이나 세력이 크다.

    (예) 집안이 당당하였다.

- **비슷한말** 떳떳하다, 정정당당하다, 번듯하다, 늠름하다, 대단하다

2○○○년 7월 6일 □요일   날씨 : 맑음

　생일이라서　케이크를 놓고　촛불을 불었다. 소원은　만 원을 받게 해 달라는　것이었다. 무엇에 쓸　지는　비밀이다!

소원

- **뜻** 어떤 일이 이루어지기를 바람. 또는 그런 일.

    (예) 소원이 이루어졌다.

- **비슷한말** 희망, 소망, 염원, 꿈
- **속담** 평생소원이 누룽지: 기껏 요구하는 것이 너무나 하찮은 것임을 이르는 말.

비밀

- **뜻** ① 숨기어 남에게 드러내거나 알리지 말아야 할 일.

    (예) 이건 비밀이야. 아무에게도 말하면 안 돼.

② 밝혀지지 않았거나 알려지지 않은 내용.

    (예) 신비한 우주의 비밀을 풀어 보자.

- **비슷한말** 기밀, 비공개, 불가사의

2○○○년 7월 10일 □요일   날씨 : 맑음

학교 텃밭에 빨간 방울토마토가 열렸다. 따고 싶은데 꾹 참았다. 가지꽃은 보라색인데 가운데는 노랗다.

따다

- **뜻** ① 붙어 있는 것을 잡아떼다.
  (예) 사과나무에서 사과를 땄다.

  ② 글이나 말 따위에서 필요한 부분을 뽑아 취하다.
  (예) 책에서 중요한 부분을 따서 메모를 하였다.

  ③ 내기, 경기 따위에서 이겨 돈이나 상품 따위를 얻다.
  (예) 금메달을 딴 선수가 텔레비전에 나왔다.

- **비슷한말** 뜯다, 따오다, 얻다, 끌어오다
- **속담** 따 놓은 당상: 떼어 놓은 당상(벼슬)이 변하거나 다른 데로 갈 리 없다는 데서, 일이 확실하여 조금도 틀림이 없음을 이르는 말.

참다

- **뜻** ① 충동, 감정 따위를 억누르고 다스리다.
  (예) 이번엔 내가 참아 볼게.

  ② 웃음, 울음, 아픔 따위를 억누르고 견디다.
  (예) 웃음이 터져 나오는 것을 겨우 참았다.

  ③ 어떤 기회나 때를 견디어 기다리다.
  (예) 며칠만 참으면 쉴 수 있다.

- **비슷한말** 버티다, 삼키다, 누르다, 기다리다, 견디다, 감당하다
- **속담** 참는 자에게 복이 있다: 억울하고 분한 일이 있더라도 필요에 따라서는 꾹 참고 견디는 것이 좋다는 말.

2000년 7월 14일 □요일   날씨 : 맑음

　　아빠가　만든　계란말이
는　최고다. 잘　음미해
보면　달고　고소한　맛이
난다. 엄마는　계란을　많
이　살　거라고　하셨다.

최고

- **뜻**　① 으뜸인 것. 또는 으뜸이 될 만한 것.
　　　　(예) 더위를 이기는 데는 얼음이 최고다.

　　　　② 가장 높음.
　　　　(예) 저 산은 최고 높이가 2천 미터라고 한다.

- **비슷한말**　으뜸, 첫손가락, 제일, 정상, 최고봉, 최상

맛

- **뜻**　① 음식 따위를 혀에 댈 때에 느끼는 감각.
　　　　(예) 앵두가 맛이 들었다.

　　　　② 어떤 사물이나 현상에 대하여 느끼는 기분.
　　　　(예) 이번 일은 새로운 맛이 있어 재미있다.

　　　　③ 제격으로 느껴지는 만족스러운 기분.
　　　　(예) 피서는 꼭 바다로 가야만 맛인가?

- **비슷한말**　풍미, 재미, 느낌, 취미
- **속담**　맛이 좋으면 넘기고 쓰면 뱉는다(=달면 삼키고 쓰면 뱉는다): 옳고 그름에 관계없이 자기 비위에 맞으면 좋아하고 그렇지 않으면 싫어함을 뜻하는 말.
- **관용어**　맛이 들다: 좋아하거나 즐기다.
　　　　(예) 요새 공부에 맛이 들었다.

| 2000년 8월 4일 □요일 | 날씨 : 맑음 |

물컹물컹 복숭아를 먹고 있는데, 속에 벌레가 있었다. 깜짝 놀라 복숭아를 떨어뜨렸다. 심장이 **콩닥콩닥** 떨렸다.

물컹물컹

- **뜻** 너무 익거나 곯아서 물크러질 정도로 매우 또는 여기저기가 물렁한 느낌.

    (예) 외계인은 몸이 물컹물컹할까?

- **비슷한말** 몰캉몰캉, 말캉말캉

콩닥콩닥

- **뜻** ① 심리적인 충격을 받아 가슴이 자꾸 세차게 뛰는 소리. 또는 그 모양.

    (예) 회장 선거에 나가려니 가슴이 콩닥콩닥 뛰었다.

    ② 작은 절구나 방아를 잇따라 찧을 때 나는 소리. 또는 그 모양.

    (예) 콩닥콩닥 방아를 찧는 소리가 들리면 맛있는 떡이 만들어진다는 뜻이다.

- **비슷한말** 쿵덕쿵덕

| 2000년 8월 11일 □요일 | 날씨 : 가마솥더위 |

"나는 커서 아빠 회사에서 아빠와 함께 일하고 싶습니다."라고 발표했더니, 선생님이 뿌듯하다고 하셨다.

✿ **가마솥더위** 가마솥을 달굴 때의 아주 뜨거운 기운처럼 몹시 더운 날씨를 비유적으로 이르는 말.

발표하다

- **뜻** 어떤 사실이나 결과, 작품 따위를 세상에 널리 드러내어 알리다.

    (예) 내 의견을 발표했다.

- **비슷한말** 밝히다, 알리다, 드러내다, 내놓다, 공표하다, 공고하다

뿌듯하다

- **뜻** ① 기쁨이나 감격이 마음에 가득 차서 벅차다. '부듯하다'보다 센 느낌을 준다.

    (예) 줄넘기를 끝까지 해내서 마음이 뿌듯했다.

    ② 집어넣거나 채우는 것이 한도보다 조금 더하여 불룩하다. '부듯하다'보다 센 느낌을 준다.

    (예) 뿌듯한 주머니에는 군밤이 가득 있었다.

- **비슷한말** 흐뭇하다, 보람되다, 만족스럽다, 보람차다, 부듯하다, 벅차다

| 2000년 8월 14일 □요일 | 날씨 : 소나기 |

종이비행기에 개미를 태우고, 안 다치게 살살 날려 보았다. 툭 떨어진 비행기에 가 보니 개미가 가만히 있었다.

살살

- **뜻** ① 심하지 않게 가만가만 가볍게 만지거나 문지르는 모양.
  (예) 강아지를 살살 쓰다듬어 주었다.

  ② 눈이나 설탕 따위가 모르는 사이에 사르르 녹아 버리는 모양.
  (예) 솜사탕이 입에서 살살 녹았다.

  ③ 남이 모르게 살그머니 행동하는 모양.
  (예) 쥐가 고양이를 살살 피해 다녔다.

  ④ 가볍게 눈웃음을 치는 모양.
  (예) 눈웃음을 살살 치며 말했다.

- **비슷한말** 살그머니, 살며시, 살짝, 슬슬
- **관용어** 살살 기다: 두려워 행동을 자유로이 하지 못하다.
  (예) 힘이 센 지호 앞에서는 살살 기었다.

툭

- **뜻** ① 갑자기 떨어지는 소리. 또는 그 모양.
  (예) 사과가 툭 떨어지자 뉴턴은 궁금한 것이 생겼다.

  ② 갑자기 튀거나 터지는 소리. 또는 그 모양.
  (예) 주머니가 툭 터졌다.

  ③ 갑자기 발에 걸리거나 차이는 소리. 또는 그 모양.
  (예) 돌에 툭 걸려서 넘어졌다.

  ④ 가볍게 슬쩍 치거나 건드리는 소리. 또는 그 모양.
  (예) 앞 사람 어깨를 툭 쳤다.

- **비슷한말** 툭툭, 톡, 톡톡, 탁, 탁탁

2000년 8월 22일 □요일   날씨 : 찜통더위

선생님한테 왜 **안경**을 쓰셨냐고 여쭤보았다. **공부**를 많이 해서 그럴단다. 혹시 게임 때문에 눈이 나빠지셨을까?

❋ **찜통더위** 뜨거운 김을 쐬는 것같이 무척 무더운 여름철의 기운.

안경

- **뜻** 시력이 나쁜 눈을 잘 보이게 하기 위하여나 바람, 먼지, 강한 햇빛 따위를 막기 위하여 눈에 쓰는 물건.
  (예) 삼촌은 눈이 몹시 나빠서 안경 없이는 거의 아무것도 보지 못한다.

- **관용어** 안경(을) 쓰다: 있는 그대로 보지 않고 선입견을 가지다.
  (예) 안경을 쓰고 상황을 판단하면 안 된다.

  제 눈에 안경: 보잘것없는 물건이라도 제 맘에 들면 좋게 보인다는 말.
  (예) 남들이 뭐라 해도 제 눈에 안경이라고 내 눈에는 예뻐 보인다.

공부

- **뜻** 학문이나 기술을 배우고 익힘.
  (예) 공부를 잘하고 싶다.

- **비슷한말** 학습, 연마, 학업, 연구
- **속담** 공부는 늙어 죽을 때까지 해도 다 못한다: 지식을 넓히고 수준을 높이기 위해서는 일생 동안 끊임없이 배우고 학습해야 함을 강조하여 이르는 말.

| 2○○○년 9월 4일 □요일 | 날씨 : 하늬바람 ❋ |

놀이동산으로 체험 학습을 갔다. 엄마는 무서워도 놀이기구를 다 타고 오라고 했다. 나는 신밧드처럼 모험을 했다.

❋ **하늬바람** 주로 늦여름이나 초가을 맑은 날 서쪽에서 부는 서늘하고 건조한 바람.

체험

- **뜻** 자기가 몸소 겪음. 또는 그런 경험.

  (예) 여행을 하면서 다양한 체험을 했다.

- **비슷한말** 체득, 경험

놀이

- **뜻** ① 여러 사람이 모여서 즐겁게 노는 일. 또는 그런 활동.

  (예) 친구와 처음 하는 놀이를 했다.

  ② 일정한 규칙 또는 방법에 따라 노는 일.

  (예) 주사위 놀이를 했다.

  ③ '모방을 하거나 흉내를 내면서 노는 일'의 뜻을 나타내는 말.

  (예) 병원놀이를 할 때 환자 역할을 했다.

- **비슷한말** 오락, 놀음, 장난, 유희
- **속담** 순풍에 돛을 달고 뱃놀이한다: 아주 순탄한 환경 속에서 편안하고 안일하게 지냄을 비유적으로 이르는 말.

2○○○년 9월 11일 □요일 날씨 : 맑음

　선생님과　우리들이　수
학　답　맞히기　대결을
했다.　선생님은　빼기에서
틀려서　우리가　이겼다.
쉬운　문제를　모르신다.

맞히다

- **뜻** 문제에 대한 답을 틀리지 않게 하다.

    (예) 내가 정답을 맞혔다.

틀리다

- **뜻** ① 셈이나 사실 따위가 그르게 되거나 어긋나다.

    (예) 그건 틀린 답이었다.

② 바라거나 하려는 일이 순조롭게 되지 못하다.

    (예) 오늘 이 일을 끝내기는 틀렸다.

③ 마음이나 행동 따위가 올바르지 못하고 비뚤어지다.

    (예) 틀린 행동은 하지 마라.

- **비슷한말** 잘못되다, 빗맞다, 어긋나다, 비뚤어지다, 빗나가다, 그르다
- **반대말** 맞다

| | 2〇〇〇년 9월 14일 □요일 | | | | 날씨 : 흐림 | | | | |

	수	수	깡	과		색	종	이	로		바
람	개	비	를		만	들	었	다	.	밖	에
나	가		달	렸	더	니		바	람	개	비
가		뱅	글	뱅	글		돌	았	다	.	입
으	로		후	후		불	어	도		돈	다	.

뱅글뱅글

- **뜻** 작은 것이 잇따라 매끄럽게 도는 모양.

    (예) 뱅글뱅글 도는 팽이

- **비슷한말** 빙글빙글, 뺑글뺑글, 팽글팽글

후후

- **뜻** 입을 동글게 오므려 내밀고 입김을 많이 자꾸 내뿜는 소리. 또는 그 모양.

    (예) 유리창에 후후 입김을 불어 보았다.

- **비슷한말** 후, 호, 호호

| 2000년 9월 17일 □요일 | 날씨 : 건들바람 ✿ |

추석에 할머니 댁에 갔다. 할머니 부엌에서 **달콤하고** 은은한 냄새가 났다. 코를 **벌름거리고** 혀를 날름거려 보았다.

✿ **건들바람** 바다에서 물결이 이는 정도의 초가을에 선들선들 부는 바람.

달콤하다

- **뜻** ① 감칠맛이 있게 달다.

    (예) 달콤한 사탕을 녹여 먹었다.

    ② 흥미가 나게 아기자기하거나 간드러진 느낌이 있다.

    (예) 일요일에 무엇을 할까 달콤한 상상을 해 보았다.

    ③ 편안하고 포근하다.

    (예) 곧 달콤한 잠에 빠져들었다.

- **비슷한말** 달다, 달짝지근하다, 달큼하다
- **반대말** 쓰다

벌름거리다

- **뜻** 탄력 있는 물체가 부드럽고 넓게 자꾸 벌어졌다 우므러졌다 하다. 또는 그렇게 되게 하다.

    (예) 돼지가 코를 벌름거렸다.

- **비슷한말** 벌름대다, 벌름벌름하다, 벌룽거리다
- **관용어** 간이 벌름거리다: 몹시 두렵거나 놀라워 가슴이 두근거리다.

    (예) 너무 놀라서 간이 벌름거렸다.

| 2000년 9월 25일 □요일 | 날씨 : 맑음 |

	외	할	머	니	가		내		이	마	와
눈	이		예	쁘	다	고		쓰	다	듬	으
셨	다	.	손	도		귀	엽	다	고		하
셨	다	.		"	내		새	끼	."	라	고
하	시	는		것	도		좋	다	.		

눈

- **뜻**   ① 빛의 자극을 받아 물체를 볼 수 있는 감각 기관.
  (예) 작은 눈으로 지긋이 보았다.

  ② 사물을 보고 판단하는 힘.
  (예) 나는 보는 눈이 정확하다.

  ③ 무엇을 보는 표정이나 태도.
  (예) 사랑의 눈으로 고양이를 보고 있었다.

- **비슷한말**   시선, 눈길, 안목, 판단력
- **속담**   눈 가리고 아웅: 얕은수로 남을 속이려 한다는 말.
- **관용어**   눈 깜짝할 사이: 매우 짧은 순간.
  (예) 눈 깜짝할 사이에 물건이 사라졌다.

손

- **뜻**   ① 사람의 팔목 끝에 달린 부분.
  (예) 장난감을 손으로 잡았다.

  ② 일을 하는 사람.
  (예) 손이 부족해서 일을 할 수 없다.

  ③ 어떤 일을 하는 데 드는 사람의 힘이나 노력, 기술.
  (예) 나는 할머니 손에서 자랐다.

- **비슷한말**   손가락, 일꾼, 힘, 기술, 노력
- **속담**   손 안 대고 코 풀기: 손조차 사용하지 않고 코를 푼다는 뜻으로, 일을 힘 안 들이고 아주 쉽게 해치움을 이르는 말.
- **관용어**   손(에) 익다: 일이 손에 익숙해지다.
  (예) 일이 손에 익어서 어렵지 않다.

2000년 9월 28일 □요일   날씨 : 맑음

	나	는		외	계	인	이		되	고
싶	다	.	우	주	선	으	로		행	성	을
다	니	며		지	구	인	을		도	와	야
지	.	다	른		외	계	인	을		차	별
하	지		않	을		것	이	다	.		

돕다

- **뜻** ① 남이 하는 일이 잘되도록 거들거나 힘을 보태다.
    (예) 아버지의 일을 도와 드렸다.

    ② 위험한 처지나 어려운 상황에서 벗어나게 하다.
    (예) 불우 이웃을 도웁시다.

    ③ 어떤 상태를 증진하거나 촉진하다.
    (예) 이 약은 성장을 돕는 데 효과가 있다.

    ④ 서로 의지하다.
    (예) 할아버지와 할머니는 서로 도우며 산다.

- **비슷한말** 도와주다, 거들다, 구하다, 원조하다, 돌보다
- **속담** 하늘은 스스로 돕는 자를 돕는다: 하늘은 스스로 노력하는 사람을 도와 성공하게 만든다는 뜻으로, 어떤 일을 이루기 위해서는 자신의 노력이 중요하다는 것을 이르는 말.

다르다

- **뜻** ① 비교가 되는 두 대상이 서로 같지 아니하다.
    (예) 동생은 나와 다른 가방을 가지고 있다.

    ② 보통의 것보다 두드러진 데가 있다.
    (예) 역시 그 배우의 연기는 달랐다.

- **비슷한말** 상이하다, 판이하다, 특이하다, 특별하다, 남다르다
- **반대말** 같다
- **관용어** 다름(이) 아니라: 다른 까닭이 있는 게 아니라. 다른 게 아니라.
    (예) 다름이 아니라, 같이 영화 보자고.

    다름 아닌: 다름이 아니라 바로.
    (예) 그 아이는 다름 아닌 우리 옆집 아이였다.

| 2○○○년 9월 30일 □요일 | 날씨 : 흐림 |

	피	구	를		하	다	가		지	원	이
발	을		밟	았	다	.		지	원	이	는
입	을		삐	죽	거	리	더	니		휙	
몸	을		돌	려		가		버	렸	다	.
휴	~	,	난		용	서	받	았	다	.	

발

- **뜻**　① 사람이나 동물의 다리 맨 끝부분.
  (예) 발을 땅에 디뎠다.

  ② 가구 따위의 밑을 받쳐 균형을 잡고 있는, 짧게 도드라진 부분.
  (예) 의자 발이 네 개다.

  ③ 걸음을 세는 단위.
  (예) 한 발만 더 갔으면 위험했다.

- **비슷한말**　족, 발길, 걸음, 발걸음
- **속담**　발(을) 벗고 따라가도 못 따르겠다: 신발까지 벗고 쫓아가도 따라가지 못하겠다는 뜻으로, 능력이나 수준의 차이가 너무 심해서 경쟁 상대가 되지 못하는 경우를 이르는 말.
- **관용어**　발(을) 디딜 틈이 없다: 복작거리어 혼잡스럽다.
  (예) 시장은 발 디딜 틈이 없었다.

몸

- **뜻**　① 사람이나 동물의 형상을 이루는 전체. 또는 그것의 활동 기능이나 상태.
  (예) 코끼리는 몸이 크다.

  ② 물건의 기본을 이루는 몸통.
  (예) 추락한 비행기는 날개는 떨어지고 몸만 남은 모습이었다.

  ③ 그러한 신분이나 사람임.
  (예) 학생의 몸으로 힘든 일을 해냈다.

- **비슷한말**　육체, 육신, 전신, 몸체, 몸집, 신체
- **속담**　몸보다 배꼽이 더 크다: 기본이 되는 것보다 덧붙이는 것이 더 많거나 큰 경우를 이르는 말.
- **관용어**　몸(을) 두다: 일정한 곳에 몸을 의지하고 일을 하거나 살아가다.
  (예) 외국에서는 몸 둘 곳이 없었다.

| | 2○○○년 10월 2일 □요일 | | | | 날씨 : 맑음 | | | | | |

	수	호	가		생	글	생	글		웃	으
며			인	사	했	다	.	그	런	데		얼
굴	이		꼬	질	꼬	질	해	서		세	수
하	라	고		말	했	다	.	같	이		씻
으	러		갔	다	.						

생글생글

- **뜻** 눈과 입을 살며시 움직이며 소리 없이 정답게 자꾸 웃는 모양.

   (예) 너는 생글생글 웃는 얼굴이 매력이야.

- **비슷한말** 싱글싱글, 쌩글쌩글, 씽글씽글

꼬질꼬질

- **뜻** ① 옷이나 몸에 때가 많아 매우 지저분한 모양.

   (예) 꼬질꼬질 때가 묻은 옷을 입고 있었다.

   ② 몹시 뒤틀리고 꼬불꼬불한 모양.

   (예) 꼬질꼬질 뒤틀린 길을 따라갔다.

- **비슷한말** 고질고질, 꾸질꾸질, 구질구질

| | 2○○○년 10월 10일 □요일 | | 날씨 : 바람 |

코에서 코피가 났다.
저번에 입에서 피가 날 때에는 입 속이 아팠는데 코피가 날 때 콧속은 안 아프다. 왜 그럴까?

코

- **뜻**　① 포유류의 얼굴 중앙에 튀어나온 부분. 호흡을 하며 냄새를 맡고, 목소리 내기를 돕는다.
　　　　(예) 자면서 코를 골았다.

　　　② 콧구멍에서 흘러나오는 액체.
　　　　(예) 코를 훌쩍거렸다.

　　　③ 버선이나 신 따위의 앞 끝이 오뚝하게 내민 부분.
　　　　(예) 검정 고무신 코가 눈에 보였다.

- **비슷한말**　콧물, 비
- **속담**　엎드러지면 코 닿을 데: 매우 가까운 거리를 이르는 말.
- **관용어**　코가 높다: 잘난 체하고 뽐내는 기세가 있다.
　　　　(예) 우리 형은 코가 높아서 말을 걸기가 쉽지 않다.

입

- **뜻**　① 입술에서 후두까지의 부분. 음식이나 먹이를 섭취하며, 소리를 내는 기관이다.
　　　　(예) 하마는 입이 크다.

　　　② 입술 부분.
　　　　(예) 입을 작게 오므렸다.

　　　③ 음식을 먹는 사람의 수효.
　　　　(예) 우리 집에 삼촌이 와서 입이 하나 늘었다.

　　　④ 사람이 하는 말을 비유적으로 이르는 말.
　　　　(예) 저 사람은 입으로는 당해 낼 수가 없다.

- **비슷한말**　입술, 식구, 말
- **속담**　입에 쓴 약이 병에는 좋다: 자기에 대한 충고나 비판이 당장은 듣기에 좋지 않지만 그것을 달게 받아들이면 자기 수양에 이로움을 이르는 말.
- **관용어**　입(을) 모으다: 여러 사람이 같은 의견을 말하다.
　　　　(예) 사람들은 입을 모아 그 사람을 칭찬했다.

2○○○년 10월 11일 □요일 　　　날씨 : 실바람

	승	현	이	가		급	식	판	에	
밥	과		고	기	를		가	득		**받**	**았**
다	.	**남**	**기**	**면**		안		되	는	데
욕	심	을		부	렸	다	.	나	중	에	는
나		보	고		먹	으	라	고		했	다	.

✿ **실바람** 연기가 움직이는 것을 보고 바람의 방향을 알 수 있으나, 풍향계는 움직이지 않는 정도의 바람.

받다

- **뜻**　① 다른 사람이 주거나 보내오는 물건 따위를 가지다.
  　　　　(예) 친구에게 생일 선물을 받았다.

　　② 다른 사람이나 대상이 가하는 행동, 심리적인 작용 따위를 당하거나 입다.
　　　　(예) 나는 어른들로부터 귀염을 받는다.

　　③ 점수나 학위 따위를 따다.
　　　　(예) 100점 받은 시험지를 보여 드렸다.

- **비슷한말**　얻다, 따다, 잡다

- **관용어**　받아 놓은 밥상:
　　　① 일이 확실하여 조금도 틀림없는 경우를 이르는 말.
　　　　(예) 우승은 받아 놓은 밥상이다.

　　　② 이러지도 못하고 저러지도 못하는 경우나 처지를 이르는 말.
　　　　(예) 받아 놓은 밥상이라서 취소할 수가 없다.

남기다

- **뜻**　① 다 쓰거나 정해진 수준에 이르지 않고 나머지가 있게 하다.
　　　　(예) 배가 불러 음식을 남겼다.

　　② 들인 밑천이나 제 값어치보다 많이 얻다. 또는 이익을 보다.
　　　　(예) 이익을 남긴 사업이다.

　　③ 다른 사람과 함께 떠나지 않고 있던 그대로 있게 하다.
　　　　(예) 집에 강아지를 남기고 학교로 갔다.

- **비슷한말**　전하다, 두다, 전승하다, 물려주다

- **관용어**　이름을 남기다: 이름을 후세에까지 전하다.
　　　　(예) 세종 대왕은 이름을 남긴 훌륭한 위인이다.

| 2○○○년 10월 15일 □요일 | 날씨 : 맑음 |

	선	생	님	이		이		닦	을		때
혀	도		닦	아		보	라	고		하	셨
다	.	저	녁		먹	고		이	를		닦
다	가		혀	를		닦	았	는	데		하
마		터	면		토	할		뻔	했	다	.

이

- **뜻** ① 척추동물의 입안에 있으며 무엇을 물거나 음식물을 씹는 역할을 하는 기관.
    (예) 치과에서 이를 뺐다.

    ② 톱, 톱니바퀴 따위의 뾰족뾰족 내민 부분.
    (예) 톱니바퀴의 이가 맞물려 돌아갔다.

- **비슷한말** 치아, 이빨
- **속담** 앓던 이 빠진 것 같다: 걱정거리가 없어져서 후련함을 이르는 말.
- **관용어** 이(가) 빠지다:
    ① 그릇의 가장자리나 칼날의 일부분이 떨어져 나가다.
    (예) 이 빠진 그릇은 사용할 수 없다.

    ② 갖추어야 할 것 가운데서 어떤 부분이 빠져서 온전하지 못하다.
    (예) 이 제품은 네 개가 한 묶음인데 하나가 없어서 이가 빠져 팔 수 없게 되었다.

혀

- **뜻** 동물의 입안 아래쪽에 있는 길고 둥근 살덩어리. 맛을 느끼며 소리를 내는 구실을 한다.
    (예) 아이스크림이 혀에서 살살 녹았다.

- **비슷한말** 혓바닥, 설
- **속담** 혀가 짧아도 침은 길게 뱉는다: 제 분수에 비하여 지나치게 있는 체함을 이르는 말.
- **관용어** 혀를 내두르다: 몹시 놀라거나 어이없어서 말을 못 하다.
    (예) 현란한 무술 솜씨에 혀를 내둘렀다.

| 20○○년 10월 25일 □요일 | 날씨 : 맑음 |

	우	리		가	족	은		강	원	도	로
단	풍	을		보	러		갔	다	.	계	곡
위	에		다	리	가		있	었	는	데	
건	너	갈		때		무	서	워	서		가
슴	이		조	마	조	마	했	다	.		

다리

- **뜻** ① 물을 건너거나 또는 한편의 높은 곳에서 다른 편의 높은 곳으로 건너다닐 수 있도록 만든 시설물.
  (예) 한강에 다리를 세웠다.

  ② 둘 사이의 관계를 이어 주는 사람이나 사물을 비유적으로 이르는 말.
  (예) 그 친구와 만날 수 있도록 네가 다리가 되어 주면 좋겠어.

  ③ 중간에 거쳐야 할 단계나 과정.
  (예) 신발을 만들기 위해서는 여러 다리를 거쳐야 한다.

- **비슷한말** 통로, 단계, 과정, 경로
- **속담** 원수는 외나무다리에서 만난다: 꺼리고 싫어하는 대상을 피할 수 없는 곳에서 공교롭게 만나게 됨을 이르는 말.
- **관용어** 다리를 놓다: 일이 잘되게 하기 위하여 둘 또는 여럿을 연결하다.
  (예) 내가 중간에 다리를 놓아 두 사람을 화해시켰다.

가슴

- **뜻** ① 배와 목 사이의 앞부분.
  (예) 아기를 가슴에 꼭 안았다.

  ② 마음이나 생각.
  (예) 책을 읽고 가슴이 찡했다.

  ③ 윗옷의 가슴 부분.
  (예) 가슴에 꽃을 달아 주었다.

- **비슷한말** 앞가슴, 품, 마음, 감정
- **속담** 솜뭉치로 가슴을 칠 일이다: 아무리 쳐도 가슴이 시원해지지 않을 솜뭉치로 가슴을 칠 일이라는 뜻으로, 몹시 답답하고 원통함을 비유적으로 이르는 말.
- **관용어** 가슴을 펴다: 굽힐 것 없이 당당하다.
  (예) 어려운 상황이었지만, 가슴을 펴고 희망을 가졌다.

2○○○년 10월 30일 □요일 날씨 : 맑음

소윤이 손에 상처가 있어서 왜 그런지 물었다. 지렁이가 **물었다고** 했다. 소윤이는 농담도 **잘 하는** 재밌는 친구다.

물다

- **뜻** ① 윗니나 아랫니 또는 양 입술 사이에 끼운 상태로 떨어지거나 빠져나가지 않도록 다소 세게 누르다.
  (예) 아기가 젖을 물었다.

  ② 윗니와 아랫니 사이에 끼운 상태로 상처가 날 만큼 세게 누르다.
  (예) 호랑이가 사슴을 물고 사라졌다.

  ③ 이, 빈대, 모기 따위의 벌레가 주둥이 끝으로 살을 찌르다.
  (예) 모기가 손등을 물어서 가렵다.

- **비슷한말** 깨물다, 물어뜯다

- **속담** 무는 개는 짖지 않는다: 무서운 사람일수록 말이 없음을 이르는 말.

- **관용어** 물고 늘어지다: 어떤 일을 진득하게 붙잡고 놓지 아니하다.
  (예) 나는 문제를 풀 때까지 물고 늘어지는 성격이다.

잘하다

- **뜻** ① 좋고 훌륭하게 하다.
  (예) 형은 공부를 잘한다.

  ② 옳고 바르게 하다.
  (예) 누가 잘하고 잘못했는지를 가리자.

  ③ 버릇으로 자주 하다.
  (예) 나는 웃기를 잘한다.

- **반대말** 잘못하다, 못하다

2○○○년 11월 10일 □요일 　　　　날씨 : 맑음

	선	생	님	이		내		얼	굴	을	
보	고			"	머	리		잘	랐	네	."
하	셔	서		"	머	리	카	락	요	."	라
고		알	려		드	렸	다	.	선	생	님
이		맞	다	고		하	셨	다	.		

얼굴

- **뜻** ① 눈, 코, 입이 있는 머리의 앞면.
  (예) 마스크로 얼굴을 가렸다.

  ② 주위에 잘 알려져서 얻은 평판이나 명예. 또는 체면.
  (예) 내가 무슨 얼굴로 그 사람을 보겠니?

  ③ 어떤 분야에 활동하는 사람.
  (예) 그 회사에서는 새로운 얼굴을 찾고 있다.

- **비슷한말** 낯, 인상, 체면, 대표, 표정
- **속담** 제 얼굴은 제가 못 본다: 자기의 허물을 자기가 잘 모름을 이르는 말.
- **관용어** 얼굴만 쳐다보다: 남의 도움을 기대하고 눈치를 보거나 비위를 맞추다.
  (예) 우리는 모두 엄마 얼굴만 쳐다보고 있었다.

머리

- **뜻** ① 사람이나 동물의 목 위의 부분. 눈, 코, 입 따위가 있는 얼굴을 포함하며 머리털이 있는 부분.
  (예) 머리에 모자를 썼다.

  ② 생각하고 판단하는 능력.
  (예) 나는 머리가 좋다.

  ③ 머리에 난 털.
  (예) 머리가 많이 자랐다.

  ④ 단체의 우두머리.
  (예) 홍길동은 활빈당의 머리 역할을 했다.

- **비슷한말** 뇌, 머리카락
- **속담** 중이 제 머리를 못 깎는다: 자기가 자신에 관한 일을 좋게 해결하기는 어려운 일이어서 남의 손을 빌려야만 이루기 쉬움을 이르는 말.
- **관용어** 머리가 굵다: 어른처럼 생각하거나 판단하게 되다.
  (예) 이제 머리가 굵어서 남의 말을 잘 안 듣는다.

| 2000년 11월 18일 □요일 | 날씨 : 맑음 |

학교에서 줄넘기를 했다. 줄넘기를 잘하려면 어깨와 무릎을 많이 움직이면 안 된다. 점프도 높지 않게 해야 한다.

어깨

- **뜻**　① 사람의 몸에서, 목의 아래 끝에서 팔의 위 끝에 이르는 부분.
  　　　(예) 아빠는 어깨가 딱 벌어졌다.

  　　② 옷소매가 붙은 솔기와 깃 사이의 부분.
  　　　(예) 요새는 어깨가 넓은 옷이 인기가 있다.

- **관용어**　어깨를 으쓱거렸다: 뽐내고 싶은 기분이나 떳떳하고 자랑스러운 기분이 되다.
  　　　(예) 상을 받게 되어 어깨가 으쓱거렸다.

　　　어깨가 가볍다: 무거운 책임에서 벗어나거나 그 책임을 덜어 마음이 홀가분하다.
　　　(예) 내 일을 끝내서 어깨가 가볍다.

무릎

- **뜻**　넓다리와 정강이의 사이에 앞쪽으로 둥글게 튀어나온 부분.
  　　　(예) 옷이 너무 커서 소매가 무릎까지 내려왔다.

- **비슷한말**　무르팍

- **관용어**　무릎을 꿇다: 항복하거나 굴복하다.
  　　　(예) 놀부는 도깨비들에게 무릎을 꿇고 빌었다.

| 2○○○년 11월 21일 □요일 | 날씨 : 비구름 |

탬버린을 **두드리다가** 바닥에 떨어뜨렸다. **주워서** 놓다가 트라이앵글도 떨어졌다. 내 책상이 더 크면 좋겠다.

두드리다

- **뜻** ① 소리가 나도록 잇따라 치거나 때리다.
    (예) 문을 두드려 주세요.

    ② 감동을 주거나 격동시키다.
    (예) 그 연설은 듣는 사람의 마음을 세차게 두드렸다.

    ③ '마구', '함부로'의 뜻을 나타낸다.
    (예) 벽돌을 두드려 부수었다.

- **비슷한말** 치다, 울리다, 때리다, 뚜들기다
- **속담** 자다가 봉창 두드린다: 새벽에 남의 집 봉창을 두들겨 놀라 잠을 깨게 한다는 말로, 뜻밖의 일이나 말을 갑자기 불쑥 내미는 행동을 이르는 말.
- **관용어** 배를 두드리다: 생활이 풍족하거나 살림살이가 윤택하여 안락하게 지내다.
    (예) 옛날에는 가난했지만, 지금은 배를 두드리며 풍족하게 산다.

줍다

- **뜻** ① 바닥에 떨어지거나 흩어져 있는 것을 집다.
    (예) 쓰레기를 주우며 지나갔다.

    ② 남이 분실한 물건을 집어 지니다.
    (예) 길에서 돈을 주워서 주인을 찾아보았다.

    ③ 이것저것 되는대로 취하거나 가져오다.
    (예) 이것저것 주워 먹었더니 배가 부르다.

- **비슷한말** 습득하다, 집다
- **반대말** 버리다, 잃다, 잃어버리다
- **속담** 살은 쏘고 주워도 말은 하고 못 줍는다: 화살은 쏘아도 찾을 수 있으나, 말은 다시 수습할 수 없다는 뜻으로 말을 삼가야 한다는 말.

2〇〇〇년 12월 2일 □요일 　　　　　 날씨 : 푹하다

　　동생이　나 보고　잘 난 척하지　말라고　했다. 화가　나서　속이　**부글부글** 끓었다. 씩씩　숨을　쉬었더니, 미안하다고　했다.

❈ **푹하다** 겨울 날씨가 퍽 따뜻하다.

부글부글

- **뜻** ① 착잡하거나 언짢은 생각이 뒤섞여 자꾸 마음이 들볶이는 모양.
  (예) 화가 부글부글 올라왔다.

  ② 많은 양의 액체가 야단스럽게 잇따라 끓는 소리. 또는 그 모양.
  (예) 라면 물이 부글부글 끓었다.

  ③ 잇따라 큰 거품이 일어나는 소리. 또는 그 모양.
  (예) 거품이 부글부글 올라왔다.

  ④ 사람이나 짐승, 벌레 따위가 많이 모여 복잡스럽게 움직이는 모양.
  (예) 놀이공원은 사람들로 부글부글 들끓었다.

- **비슷한말** 보글보글, 뿌글뿌글

씩씩

- **뜻** 숨을 매우 가쁘고 거칠게 쉬는 소리.
  (예) 화가 났는지 씩씩 숨을 몰아쉰다.

- **비슷한말** 쌕쌕, 식식

2000년 12월 13일 □요일   날씨 : 함박눈

	엄	마	가		떡	볶	이	를		해	
주	셨	다	.		배	가		등	에		붙	을
것		같	았	는	데	,		먹	고		나	니
배	가		올	라	왔	다	.		배	는		들
락	날	락	할		수		있	다	.			

✿ **함박눈** 굵고 탐스럽게 내리는 눈.

배

- **뜻** ① 사람이나 동물의 몸에서 위장, 창자, 콩팥 따위의 내장이 들어 있는 곳으로 가슴과 엉덩이 사이의 부위.
    (예) 배에 힘을 주었다.

    ② 긴 물건 가운데의 볼록한 부분.
    (예) 배가 불룩한 나무 기둥 모양이 재미있다.

- **비슷한말** 속, 복부
- **속담** 배보다 배꼽이 더 크다: 주된 것보다 딸린 것이 더 크거나 많다는 뜻. 작아야 할 것이 더 크고, 적어야 할 것이 더 많다는 것을 이르는 말.
- **관용어** 배가 등에 붙다: 먹은 것이 없어서 배가 홀쭉하고 몹시 허기지다.
    (예) 아침부터 굶었더니 배가 등에 붙을 지경이다.

등

- **뜻** ① 사람이나 동물의 몸통에서 가슴과 배의 반대쪽 부분.
    (예) 가방을 등에 멨다.

    ② 물체의 위쪽이나 바깥쪽에 볼록하게 내민 부분.
    (예) 칼의 등으로 내리쳤다.

- **비슷한말** 뒷면
- **반대말** 배
- **속담** 등에 풀 바른 것 같다: 등이 뻣뻣하다는 뜻으로, 몸의 움직임이 자유롭지 못함을 이르는 말.
- **관용어** 등을 돌리다: 뜻을 같이하던 사람이나 단체와 관계를 끊고 배척하다.
    (예) 두 사람은 싸워서 등을 돌리게 되었다.

| 2○○○년 12월 28일 □요일 | 날씨 : 황소바람❋ |

	꿈	을		꾸	었	는	데	,	내	가
하	**늘**	을		날	아		아	프	리	카	에
갔	다	.	침	팬	지	가		나	에	게
바	나	나	를		주	었	는	데	,	사	자
도		있	어	서		함	께		먹	었	다

❋ **황소바람** 좁은 틈으로 세게 불어 드는 바람.

꿈

- **뜻**   ① 잠자는 동안에 깨어 있을 때와 마찬가지로 여러 가지 사물을 보고 듣는 정신 현상.

    (예) 낮잠을 자다가 꿈을 꾸었다.

    ② 실현하고 싶은 희망이나 이상.

    (예) 내 꿈은 과학자가 되는 것이다.

    ③ 실현될 가능성이 아주 적거나 전혀 없는 헛된 기대나 생각.

    (예) 노력 없이 성공하겠다는 것은 헛된 꿈이다.

- **비슷한말**   꿈나라, 소원, 환상, 희망, 공상
- **속담**   꿈보다 해몽이 좋다: 하찮거나 언짢은 일을 그럴듯하게 돌려 생각하여 좋게 풀이함을 이르는 말.
- **관용어**   꿈에도 생각지 못하다: 전혀 생각하지 못하다.

    (예) 내가 너의 도움을 받게 되리라고는 꿈에도 생각지 못하였다.

하늘

- **뜻**   ① 지평선이나 수평선 위로 보이는 무한대의 넓은 공간.

    (예) 하늘에 구름 한 점 없다.

    ② '하느님'을 달리 이르는 말.

    (예) 최선을 다했으니, 결과는 하늘에 맡기자.

- **비슷한말**   천, 하늘나라, 하느님, 천지신명
- **속담**   하늘의 별 따기: 무엇을 얻거나 성취하기가 매우 어려운 경우를 비유적으로 이르는 말.

    하늘이 무너져도 솟아날 구멍이 있다: 아무리 어려운 경우에 처하더라도 살아 나갈 방도가 생긴다는 말.

- **관용어**   하늘이 노랗다: 큰 충격을 받아 정신이 아찔하다.

    (예) 기대하던 놀이동산을 못 가게 되어서 하늘이 노랗게 보였다.

찾아보기

- **움직임, 성질, 상태를 나타내는 말**

가져오다 8	감싸다 36	고함치다 50	괜찮다 32	그리다 18	꼼꼼하다 26	나쁘다 14	남기다 88	놀라다 10	다니다 10
다르다 80	달콤하다 76	당당하다 54	대견하다 48	데려오다 46	돕다 80	두드리다 100	따다 58	따뜻하다 30	망치다 24
맞히다 72	묻다 44	물다 94	받다 88	발표하다 64	벌름거리다 76	빼다 36	뿌듯하다 64	새다 26	성장하다 54
세다 30	시시하다 38	싸우다 38	아깝다 24	얌전하다 50	업다 20	웃다 18	이르다 44	자랑하다 32	잘하다 94
재미있다 42	좋아하다 46	줍다 100	차다 14	차리다 48	참다 58	태우다 20	틀리다 72	헷갈리다 8	희한하다 42

- **이름을 나타내는 말**

가슴 92	공부 68	기분 16	꿈 106	놀이 70	눈 78	다리 92	등 104	맛 60	머리 96
모양 34	몸 82	무릎 98	발 82	방귀 22	방법 28	배 104	비밀 56	소원 56	손 78
손해 40	실수 16	안경 68	어깨 98	얼굴 96	엉터리 52	오줌 12	욕심 28	이 90	입 86
지식 52	체험 70	최고 60	충돌 40	코 86	트림 22	팔 34	하늘 106	혀 90	화분 12

- **모양이나 움직임을 흉내 내는 말**

꼬질꼬질 84	물컹물컹 62	뱅글뱅글 74	부글부글 102	살살 66	생글생글 84	씩씩 102	콩닥콩닥 62	툭 66	후후 74